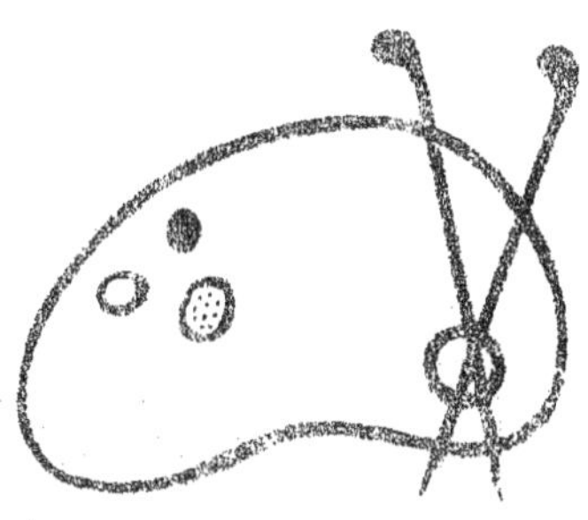

Original en couleur

NF Z 43-120-8

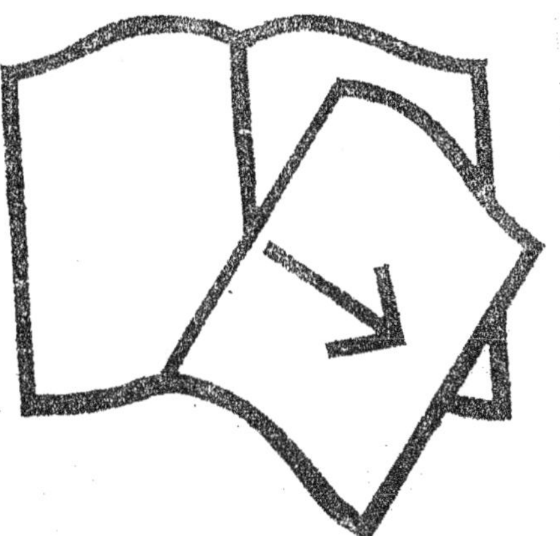

Couverture intérieure manquante

PH. A. GRANDIDIER

ANNALES MURBACENSES

NOUVELLE ÉDITION

SUIVIE D'UNE PARTIE INÉDITE

PUBLIÉE PAR

A. M. P. INGOLD

PARIS

ALPH. PICARD & FILS

1900

RIXHEIM (ALSACE). — IMPRIMERIE F. SUTTER & CIE.

n'arrêtera point par des milices. Leur ambition, toujours légale, agitera le peuple, agitera les armées, agitera les loix. Vos milices en imposeront-elles au droit de tout dire, au pouvoir de tout entraîner ? Non, non. Point d'armes pour les tyrans. Armez la vertu de la dextérité du crime contre le crime : armez le peuple ; c'est lui qui doit régner. L'usurpation est une énigme qu'on devine toujours trop tard. Je suis présent aux réflexions particulières qui naissent dans les cœurs qui m'entendent. Le moment d'éclater n'est pas encore venu. Souvenez-vous, qu'en nous prenant tels que nous sommes, le plus sûr, le plus délié moyen de ramener le peuple à l'esclavage, c'est de le fatiguer des crises de la liberté ; c'est de mettre sans cesse ce que l'on veut de grand à la place de ce qu'il faut de bien. Un moment encore, citoyens ; il faut laisser mûrir le crime, & je l'attends.

Ce n'est point tout ; craignez que votre milice, égarée dans ses jugemens, & mise en garde contre la sagesse, par la vivacité de son caractère, ne vous fasse délibérer au milieu de la sanction des armes.

Cette institution, telle qu'on l'a présentée, aura nécessairement un esprit particulier ; cela est dans sa nature. Vous appellez des hommes de toutes les parties de la république ; vous concentrez autour de vous la force de l'Etat, tandis que la volonté de

A 4

(8)

l'Etat fera concentrée en vous. Plaife à Dieu que cette force, qui pourra fe croire une magiftrature armée, pour foutenir la volonté du peuple, n'interprête point cette volonté, la voie toujours dans vos décrets, & ne fe livre pas à fon orgueil, remué par l'efprit des partis ! Cette inftitution ne fût-elle point deftructrice de l'unité de la république, & de votre fécurité, je dirois encore, qu'il ne faut pas toujours fe déterminer pour ce qui, étant bon en foi-même, ceffe de l'être relativement. Ofons tout voir & tout entendre, pour juger fainement des chofes.

Paris n'a, peut-être, pas le droit de s'offenfer que les repréfentans cherchent à étonner les factions, qui fermentent, dit-on, dans fon fein : mais Paris, qui fe croit à l'abri de la féduction, auffi bien que ceux qui viendront ici des extrémités de l'Empire ; Paris, plus inftruit par fes malheurs, par la publicité de trois légiflatures, par les intrigues développées fous fes yeux ; Paris, jaloux de fa liberté & de fa gloire, n'aura pas plus de confiance dans les hommes armés, que vous n'en aurez eu dans les fiens !

Il ne faut pas croire que Paris fe puiffe contenter de ces raifons, qu'on le veut préferver de l'agitation, le fortifier contre les malveillans. L'amour-propre du peuple à plus d'efprit que nous. Paris, fans doute , ne feroit pas infenfible aux moyens (comme le dit Buzot) de lui attacher les départe- temens ; mais il ne peut point ne pas voir que le principe de votre inftitution l'attache aux départe- mens par une chaîne oppreffive des uns & des au- tres , plutôt qu'il ne l'unit à eux. Vous lui parlez *de fes nomprevx enfans , de fes lumières , de la con- centration des vertus & des talens dans fon fein ,* & puis vous lui parlez de vous faire garder par des foldats , & vous vous défiez de *ces nombreux en- fans , de ces vertus & de ces talens ,* qui vous gar- dent mieux que le fer contre les factions : **vous** oubliez qu'une force étrangère eft toujours oppref- five où elle eft ; elle viole le droit de la cité , **qui** ne peut légitimement être contrainte à fubir un ac- croiffement de force dans le magiftrat , quand **fa** mefure de réfiftance refte la même.

Croyez-vous effrayer les agitateurs? Vous leur fournirez, au contraire , de nouveaux prétextes d'agi- tation. Ce peuple vif & fenfible écoutera toujours , avec complaifance, ceux qui lui parleront de fa liberté, la lui montreront compromife , lui rappelleront l'efclavage & fes combats , le fang de fes familles ruiffelant autour des légiflatures , & fcellant **la** liberté de tous les François : on lui montrera **la** trace de fon fang , & le lieu de fes victoires foulé par vos milices. Vos précautions feront le prétexte ;

fans ceffe renaiffant de fa fureur & de l'anarchie. L'anarchie, citoyens, eft la dernière efpérance d'un peuple opprimé; il a le droit de la préférer à l'esclavage, & fe paffe plutôt de maîtres que de liberté.

Il écoutera toujours avec intérêt ceux qui lui parleront de fes malheurs, devenus fa trifte & feule récompenfe. Paris eft affligé; toutes fes familles ont des enfans morts, d'autres dans les armées; il voit avec douleur qu'on préfente par-tout le crime errant dans fes murs, & qu'on lui attribue la néceffité des temps. Ne lui parlez point de fes glorieufes actions, de la tyrannie vaincue; cela n'eft qu'un outrage délicat dans la bouche qui lui parle de foldats étrangers.

Mais, outre ces raifons, je vous prie de confidérer qu'elle eft votré inftitution à vous même.

Le peuple n'a point créé de maîtres, il n'a cherché que des oracles & fon bonheur. Si on lui dit infidieufement que vous voulez accroître votre empire; fi l'on répand dans les départemens qu'ils ont donné des armes pour fe faire opprimer; fi, plus infidieufement encore, on leur fait entendre qu'on appelle agitateurs, ceux que la cour traitoit de factieux; fi vous vous divifez vous mêmes, & que ces bruits s'accréditent, ou par le crime adroit des uns, ou par la vertu imprudente des autres, je prie votre fageffe de répondre.

"Mais que fera la force agissant, même selon la pureté de vos vues, contre des hommes exagérés peut-être, mais dont le langage est plein de la nature & de ses droits. S'ils égarent le peuple, votre milice n'osera point tirer sur lui ; si vous ne craignez point qu'on l'égare, pourquoi vous armer?

Vous vous révoltez tous, lorsqu'on vous parle de déployer la force; point de sang, dites vous sans cesse ; j'ose donc vous demander ce que vous prétendez faire de la force que vous appellez ici, s'il est selon votre cœur, de ne la déployer jamais : si vous ne devez jamais l'appliquer, pourquoi l'établissez vous ?

Les voies de la philosophie & de la persuasion sont les seules qui vous conviennent; c'est vous qui l'avez dit ; le décret, que votre commission vous présente, n'est point un acte d'énergie, l'énergie n'est point la force ; mais la sagesse constante pure & inexpugnable dans ses desseins ; elle imprime d'elle-même aux méchans, un caractère de difformité que le peuple saisit; mais parmi cette lutte de nos passions sous les armes, on lui persuaderoit qu'on veut l'assujétir, & que l'anarchie n'est point dans le peuple, mais dans ceux qui règnent, ou se disputent l'autorité.

C'est pourquoi, je n'ai point de confiance en cette force, fût-elle légitime. Il se pourroit encore que votre milice, apprivoisée par ses habitudes, pensât comme le peuple de Paris, & cette milice feroit bien de préférer le peuple à vous, & de ne pas ombrager la liberté.

Ceux qui prétendoient régner par la force, ont péri sous vos yeux, ou sont vos prisonniers; & parmi les plus redoutables factions, les légiflatures marchoient en triomphe, armées de l'amitié du peuple, comme vous, le mot n'y fait rien. Législateurs! la force ne soutiendra pas plutôt les *ministres* de la liberté, que ceux des tyrans.

S'il est dans Paris une faction qui prétende arriver à l'usurpation par l'amertume du peuple, elle se réjouira de la loi que vous voulez porter; & si quelqu'un prétend user de cette force pour s'accréditer, il se trompe : on a détruit avec les rois, tout système de violence, qui n'est qu'une autre royauté, & le peuple, accoutumé à vaincre, n'est point las de résister.

Vous ne voulez point régner sans doute; vous n'avez point une existence politique ou de force, cette force appartient à vos loix, & non point à vous; la force est dans le magistrat, & non point dans le légiflateur.

Voilà le langage que tiendront contre vous ceux dont les milices auront accrédité les plaintes. Craignez le désespoir & la jalousie des factions; crai-

ANNALES MURBACENSES

Dans son très précieux volume de *Pièces justifica-tives de l'Histoire d'Alsace*, deuxième partie,[1] Grandidier a publié, sous le titre de *Notitia fundationis et primorum abbatum Murbacensis Abbatiæ ad seculum usque decimum tertium*, ce que l'on peut appeler plus exactement les *Annales de Murbach*.[2] Ces fragments, comme le dit l'histo-

<hr>

1. Ce que l'on appelle communément le tome IIe de l'*Histoire d'Alsace* et qui ne comprend en réalité que les pièces justificatives (titres 425 à 637) de ce volume, lequel ne parut jamais. Ce livre est d'une extrême rareté. La *Notitia* en question est le titre 435, p. LXXI à LXXV.

2. Comme l'on sait, des Annales de Murbach plus anciennes (antérieures au Xe siècle) ont existé, que récemment les *Monumenta Germaniæ* ont publiées sous les titres divers d'*Annales Laureshamenses, Alemanici, Guelferbytani* (Scriptores I, p. 19 et seq.) Voici ce qu'en dit Grandidier dans une note inédite qui renseigne assez bien (voir cependant la préface de Pertz, et surtout HEIGEL, *Über die aus den ältesten Murbacher Annalen abgeleiteten Quellen*, dans les *Forschung. z. deutschen Geschichte*, V, 1865, p. 399) sur l'auteur de ces anciennes Annales :

« L'abbaye de Murbach nous offre au VIIIe siècle un annaliste estimable à la vérité par son ancienneté, mais qui l'est moins par sa brièveté et son mauvais style. Marquard Freher, qui découvrit ces Annales dans l'abbaye de S.-Nazaire de Laurisheim, les publia le premier en 1618, édition suivie par Duchesne. Struvius les a depuis publiées plus amplement d'après un mss. de la bibliothèque de Wolffenbüttel. Les uns et les autres, ainsi que Dom Rivet, tome IV, p. 179, les regardent comme l'ouvrage d'un moine de Laurisheim. Mais l'attention qu'il a de marquer la mort et la bénédiction des quatre pré-

rien alsacien, tirés « *ex antiquis dictæ Abbatiæ membranis,* » lui furent communiqués par son infatigable pour-
voyeur de documents, le général de Zurlauben, lequel,
toujours d'après Grandidier,[1] les avait tirés de copies
faites en 1705[2] par des Mauristes de passage en Alsace.

Grandidier, qui à ce moment pouvait espérer con-
tinuer son important ouvrage, — il n'avait que 35 ans

miers abbés de Murbach prouve qu'on doit l'attribuer à un religieux de cette
abbaye.

Cet auteur vivait sur la fin du VIIIe siècle. Son ouvrage commence à l'an
707 et finit à l'an 790. L'objet principal qu'il parait s'y être proposé est de
marquer, outre les évènements domestiques de son abbaye, les exploits mili-
taires des princes qui ont gouverné la monarchie pendant l'espace de temps
qu'il a entrepris de parcourir. C'est pourquoi sur les années où il ne s'est
rien passé en ce genre, il se borne à dire que les Français furent ces années
là en paix. Il ne laisse pas cependant de faire mention de la mort de ces
princes, de celle de quelques papes, et du voyage que quelques-uns de ces
derniers firent en France. Il parle aussi de Walaus et de Baldobert, évêques de
Bâle. Il s'accorde assez bien avec les autres annalistes pour les époques des
principaux évènements, excepté qu'il place en 751 le commencement du règne
de Pépin et en 753 la mort de S. Boniface, archevêque de Mayence. Il s'est
trompé sur ce dernier fait : mais il tient sur le premier un juste milieu entre
les autres annalistes, qui le mettent en 750 ou 752. » (Archives de Carlsruhe,
Nachlass-Grandidier, XI, 14.)

1. « Ex his membranis hodie neglectis, dispersis et forte depertitis sua
excerpserunt in ipsa abbatia Murbacensi anno 1705 quidam congregationis
S. Mauri benedictini, quorum notamina servantur Parisiis in regiæ S. Germani
a Pratis abbatiæ bibliotheca. Eodem notamina descripsit communicavitque nobis
indefessus rei litteriæ amicorumque suorum fautor perillustris baro de Zurlauben
jam sæpe laudatus, nunquamque satis laudandus. » *Pièces justif.,* p. LXXIV, note *a.*

2. Cette date est, croyons-nous, erronée. Au moins n'avons-nous trouvé
nulle part trace d'une visite de Mauristes à Murbach en 1705. Mabillon y
passa en 1696. (Cfr. *Diarium de Murbach,* p. 16) et Martène et Durand en
1708. (Cfr. le récit de leur voyage, II, p. 138.) Ce sont ces derniers, je
pense, qui prirent les notes trouvées par Zurlauben et que j'ai inutilement
jusqu'ici cherchées à la Bibliothèque nationale. — Peut-être est-ce Dom Alliot
qui copia ces documents à Murbach pour les envoyer à Mabillon. Nous savons
en effet par une lettre inédite (que nous publierons en temps et lieu) que
l'abbé de Moyenmoutier circula en Alsace vers cette époque.

lorsqu'il mourut l'année suivante, — arrêta au 30ᵉ abbé de Murbach, et à la date de 1216, la publication de ce document, remettant la suite à plus tard : « *Reliqua dabimus suo loco et tempore.* »[1] C'est cette suite inédite que nous allons publier, après avoir reproduit cependant la première partie,[2] qu'à cause de la rareté insigne du livre où elle a été imprimée on peut aussi regarder comme inédite.

Enfin, pour compléter ces fragments conservés par Grandidier, nous éditerons pour la première fois un document qui se trouve sur le feuillet de garde d'un manuscrit[3] de la bibliothèque de Colmar. Chose curieuse ! sauf les quelques lignes du commencement, ce document correspond précisément à cette seconde partie du manuscrit Zurlauben-Grandidier et vient ainsi en corroborer l'authenticité. Évidemment le bénédictin de Murbach qui remplissait cette grande feuille de parchemin avait sous les yeux les mêmes documents originaux qu'examinèrent les Mauristes du 17ᵉ siècle et probablement une sorte de chronique, aujourd'hui perdue, de cette célèbre abbaye.

De cette même source commune sortent aussi, à n'en point douter, les fragments publiées en 1883 par M. de Liebenau dans l'*Anzeiger für Schweizerische Geschichte*,[4] aussi d'après une copie envoyée par l'obligeant

1. Op. cit., p. LXXIV, note *ss*.

2. Nous la reproduirons en plus petits caractères que les parties absolument inédites de notre travail et d'après l'exemplaire même de Grandidier, *corrigé et annoté de sa main*, et qui nous a été communiqué par notre savant maître et ami, M. le chanoine Dacheux.

3. Nº 129, premier volume d'une Bible latine du XIIᵉ siècle. (Cfr. le *Bibliographe moderne*, tome I, 1897, p. 213,) ou mes *Manuscrits des anciennes maisons religieuses d'Alsace*, p. 16.)

4. XIV Jahrgang, neue Folge, Nº 4, p. 167 à 176. — Il y a un tirage à part de cet article.

Zurlauben au « *Cartelmeister* Felix de Balthazar de Lucerne » m'écrit M. de Liebenau.[1] En tête de sa publication le savant archiviste de Lucerne émet l'hypothèse que ces fragments ont été rédigés par Sigismond Meisterlin, hypothèse fondée sur ce que ces fragments s'arrètent à l'époque où ce célèbre humaniste se trouvait à Murbach et sur les détails plus circonstanciés qu'ils nous donnent sur l'abbé Barthélemy d'Andlau.[2]

Pour nous résumer, nous allons donc publier :

1º la *Notitia* des *Pièces justificatives* de l'*Histoire d'Alsace*.

2º la suite inédite de la *Notitia*, d'après la copie de Grandidier.[3]

3º le fragment d'annales de la bible de Colmar, également imprimé pour la première fois.

---

1. Pour certains endroits que nous indiquerons, ces *Annales* de M. de Liebenau correspondent à celles, publiées par Grandidier, *fast wörtlich*, comme il le dit ; et aussi à celles que nous publions pour la première fois. — Ce texte se trouve aussi dans le manuscrit 4 de Zurlauben à Aarau, folio 7 et seq.

2. De ce fait que Sigismond Meisterlin a probablement rédigé ces Annales et que le ms. 45 de la bibliothèque de Colmar lui est aussi attribué, Wattenbach et Potast ont conclu par erreur que les *Annales* de M. de Liebenau étaient extraites de ce ms. 45, ce qui n'est pas. Cfr. le *Bibliographe moderne*, ib., p. 211, note 3.

3. Du Nachlass de Carlsruhe.

I.

Notitia fundationis et primorum abbatum Murbacensi abbatiæ ad seculum usque decimum tertium. [1]

Anno Domini DCCXV Gregorius natione Romanus assumitur in Pontificem et sedit annis sexdecim, sub quo Theodoricus super Francos regnavit. Tum viri devoti perfectique fidem catholicam multiplicare cupientes de Scocia perrexerunt et in Alsatiam pervenerunt, loca congrua monachis ad inhabitandum et cenobia construenda diligentissime querentes. Quidam autem ex ipsis Bercholtz venerunt, ibique domos parvas de lignis debilibus construxerunt. Brevi vero tempore Bercholtz permanentes, in locum vicinum nunc Bercholtz-Zell nominatum se transtulerunt et capellam cum laboribus suis ibidem de lapidibus construxerunt. In hoc tamen non diu permanserunt; sed ad locum magis solitarium scilicet super Vivarium se locaverunt. Illis ibidem constitutis in silva profundius se transtulerunt et nomen ejus scilicet Morbachum suo monasterio tradiderunt.

Temporibus igitur Theoderici Regis prefatum Monasterium Morbacense constructum est et edificatum. Comes enim Eberhardus, filius ducis Adelberti, evocans virum venerabilem Pirminium et Romanum Abbatem, cum ipsius Pirminii adjutorio, constituit Cenobium peregrinorum monachorum secundam regulam et consuetudinem beati Benedicti in alode et in re propria. Unde, filio predicti Comitis de hac luce subtracto, consensu fratris sui Leudofredi et conjugis sue Emeltrudis, plurimas possessiones et villas eidam monasterio contradidit. Confirmationem hujus facti a Gregorio secundo summo Pontifice impetravit Pirminius. Eberhardus vero fundator, cum disciplinam monasticam in hoc monasterio florentem cerneret et ipse monachum

---

1. Nous ne reproduisons pas les notes de Grandidier.

in eodem induit, atque post vitam in omni genere virtutum transactam, ibidem diem clausit extremum non sine opinione sanctitatis. Sepultus autem est in choro majoris Ecclesie a cornu evangelii, cujus sepulchrum etiamnum visitur.

Hujus loci primus Abbas fuit Romanus, constitutus a Sancto Pirminio. Sub hoc Abbate, qui et Episcopus ordinatus fuit, perfectum est edificium Ecclesie majoris, dedicatumque est a Widegerno Episcopo Argentinensi anno D.CC.XXVII.

Post Romanum autem Abbas fuit Baldobertus, qui et Valdebertus quoque Episcopus, cui Zacharias Papa Bullam dedit et Pipinus Francorum rex privilegium.

Tertius Abbas fuit Haribertus, cui Stephanus Papa Bullam dedit anno D.CC.LXIX et Carolus magnus privilegium.

Quartus Abbas fuit beatus Amicho. Huic Adrianus Papa dedit Bullam an. D.CC.LXXX et Carolus magnus privilegium.

Quintus abbas fuit sanctus Sintpertus, sive Simbertus, Caroli magni ex sorore nepos, ejusdem promotione factus Episcopus Augustanus. Huic Bullam dedit Adrianus 1 Papa et omnia privilegia ab antecessoribus suis huic loco concessa confirmavit et plura superaddidit Carolus magnus anno vigesimo regni sui. Quia autem Simpertus resignavit Abbatiam, Carolus Murbacensibus, ne eos desolatos ab omni pastore relinqueret, prefecit primo Agilmarum sive Adelgmarum monachum, dein Gerhohum Eistatensem Episcopum et tandem Landeloum quoque Episcopum.

Post hos nonus Abbas fuit Guntramnus, cui Bullam dedit an. D.CCC.XIV Leo III et privilegium Ludovicus Imperator.

Decimus Abbas fuit Sigimarus. Huic Gregorius IV Papa Bullam dedit an. D.CCC.XLII et privilegium Lotharius Imperator.

Undecimus Abbas fuit Odelo et duodecimus Fridericus. Hic accepit anno D.CCC.LXXVII Bullam a Joanne octavo et privilegium a Carolo Crasso.

Decimus tercius Abbas fuit Wanpertus, sive Nandbertus, cui Bullam dedit Sergius III Papa et privilegium Conradus I. Hujus temporibus septem fratribus una cum sacerdote ab Hunnis pro fide occisis, Monasterio vastato, Wanpertus Abbas ceterique monachi hinc inde fuerunt dispersi sub ejusdem Wanperti successoribus Theodrico, Ruperto et Werinhario etiam Abbatibus, donec fratres Murbacenses, reparato tandem Monasterio et ab exilio iterum redeuntes post Werinharium in Abbatem unanimiter elegerunt Beregherum.

Decimus septimus Abbas igitur fuit Beregherus, cui anno D.CCCC.LXXVI Bullam dedit Benedictus VII et privilegium Otto secundus imperator.

Decimus octavus Abbas fuit Helmericus, qui a Joanne XVI Papa Bullam et Ottone III privilegium accepit.

Decimus nonus Abbas fuit Degenhardus qui recepit anno MXII a Benedicto VII Bullam et an. M.XXIII ab Henrico II imperatore privilegium. Post eum regimen obtinuit Ebirhardus.

Vigesimus primus dein Abbas fuit Wolferadus, sive Wolfrandus, qui anno M.XLIX a Leone IX Papa Bullam et Henrico III Imperatore privilegium accepit. Sub eo idem Papa Leo in honore S. Benedicti Abbatis consecravit Ecclesiam in Bergoltzell, quæ fuerat fundata an. Dom. M.VI in die sancti Marci.

Post mortem vero Wolferadi Abbatis, ob continua schismata et dissidia inter Papam et Imperatorem, Monasterium nostrum fuit prophanatum et quasi desertum. Abbates tamen leguntur Vodelricus, Samuel et Erlolfus. Pace autem Ecclesie reddita, fratres dispersi Murbacum redierunt et in Abbatem elegerunt Bertolphum sive Bertoldum.

Vigesimus igitur quintus Abbas fuit Bertolphus, qui anno M.C.XXXIX ab Innocentio II Bullam et a Conrado Imperatore regalia accepit. Sub Abbate Bertholdo, regnante eodem Imperatore, an. M.C.XXXIV, pridie nonas junii, dedicatum est oratorium nostrum in Murbach in honorem Domini nostri Jesu Christi, sancte Marie, sancti Michaelis Archangeli, sancte Joannis Evangeliste et sancte Marie Magdalene ab Alberone Basiliensi Episcopo. Idem Episcopus Monasterium et Ecclesiam tempore dissidii inter Pontifices et Imperatores prophanatam solemni ritu Deo reconciliavit.

Vigesimus sextus Abbas Bertolpho successit Egelolphus, sive Eilulphus. Dein fuit Abbas Conradus de Eschenbach, qui vixit anno M.C.LXXVI sub Alexandro III Papa. Hic accepit a Friderico I Imperatore regalia, sed non Bullas a Pontifice.

Vigesimus postea octavus Abbas fuit Widorolphus, qui vixit sub Clemente III et Bullas a Pontifice, sicut ejus antecessor, non accepit, Regalia autem Widorolpho sive Widolpho dedit anno M.C.LXXXVII Fridericus I. Eidem mandavit Imperator, quatenus se prepararet, ut ad transmerinas partes secum cum multitudine militum se festinaret. Habebat tunc temporis Morbacensis abbatia in partibus Suevie curiam magnam Grüningen sive Grünowe dictam, ubi ducenti quinquaginta milites conjuncti servicio Abbatis ministra-

bant. Widorolphus autem, assumptis secum aliquibus minus pruden-
tibus, ad Imperatorem venit eumque suppliciter rogavit, ut eum a
vexacione passagii liberaret. Imperator autem innuit se hoc non posse
facere, nisi ei cum pecunia magna subveniret. Abbas respondit se
pecuniam non habere. Fridericus tunc dixit : resignate michi in Grüningen curiam vestram, et vos de itinere et labore maximo liberabo.
Quod sine prudenti consilio spopondit Widorolphus. Reversus autem
ad suos gaudens credidit se suo Monasterio beneficium maximum
prestitisse et fecit sibi balneum preparare. Cum autem monasterium
intrasset, milites Abbatiæ Morbacensis quesiverunt quid Abbas boni
suo Monasterio procurasset. Intelligentes vero quod curiam Grunone
resignasset, plurimum doluerunt, dixeruntque : interficiatur vilissimus
monachus iste. Quidam tunc verba ea retulerunt ad Abbatem, qui
nimium perterritus balneum exivit, pannis vilibus se induit, solus
montem ascendit et quo fugeret ab incolis terre, vel quo devenerit,
ignoratur. Acta autem hec creduntur an. Dom. M.C.LXXXIX sub
Friderico Cesare.

Post Widorolphum electus fuit vigesimus nonus Abbas Suitbertus
vel Simpertus, qui anno M.C.XC. Bullam a Celestino III et M.C.XCI
regalia ab Henrico VI accepit.

Trigesimus tandem Abbas recensetur anno M.C.XCIV Arnoldus
de Rotenberg, [1] cui successit an. M.CC.XVI Hugo, sub quo Hugone
eodem anno M.CC.XVI dedicatum est hoc templum a venerabili Heinrico sancte Ecclesie Basiliensis Episcopo in honore sancte et indi-
vidue Trinitatis et sancte Crucis, sancteque Marie perpetue virginis
et sancti Leodegarii martiris.

---

1. Corrigé par Grandidier, sur son exemplaire, en Rotenburg.

II.

Suite inédite de la Notitia. [1]

An. dom. M.CC.XXV, rogatu ejusdem hugonis abbatis, dedicata est capella apud vivarium a venerabili giraldo patriarcha Iherosolimitano in honore S. Thome Cantuariensio episcopi, S. Mauricii sociorumque ejus et sancte Katherine virginis et martyris. [2]

An. dom. M.CC.XXX in nocte circa primum galli cantum factus est terre motus. [3]

Anno eodem M.CC.XXX dominus hugo morbacensis abbas, qui monasterium suum diviciis augmentavit, castrum edificavit et hugstein de suo nomine appellavit. [4]

An. M.CC.XL obiit hugo, post quem theobaldus gallicus monasterio morbacensi prefuit, qui suis temporibus temporalibus habundavit : fuit enim quoque abbas luxoviensis, rexit abbatiam morbacensem viginti annis. hic advocatiam vallis s. amarini a comite rodolfo alsatiæ landgravio maxima pecunia comparavit : vendidit autem

1. Ce ms. de Grandidier est conservé aux Archives de Carlsruhe, *Nachlass-Grandidier*, carton XI, liasse 14. — C'est un grand in-8° de 5 feuillets. Le feuillet 1 a été en partie barré par Grandidier, comme ayant été imprimé par lui.

2. *Murbacher-Annalen*, p. p. Liebenau, loc. cit., p. 175. — Comme on le constatera, l'ordre de ces *Murbacher-Annalen* est tout-à-fait différent.

3. LIEBENAU, p. 172.

4. Ib., p. 169.

porro precio grangias multas et bonas, ut acquireret
vallem prenominatam. ædificavit oppidum s. amarini et
in vallis medio castrum cum castella. ast antiquum castrum
dominorum sancti amarini funditus destruxit, et proge-
niem eorum de valle totaliter extirpavit. Hi omnes abbates temporalia curaverunt sed spiritualia neglexerunt. [1]

Sub hoc abbate præfuit decanus, qui panem suum
advenientibus hylariter ministrabat. Ad hunc decanum
vox quædam, ut dicebatur, noctis silentio pervenit, quæ
hoc illi retulit : decane, scias quia post plures annos effi-
cietur abbas Bertholdus qui monasterium hoc destruet in
diviciis et honore. nutriebat autem hic decanus delicate
juvenem bertoldum nomine de Valkenstein genere libere
conditionis qui omnia que de ipso prophetata fuerant
totaliter adimplevit. [2]

An. dom. M.CC.XLVI septimo Kal. septembris
factus est terre motus circa horam prime. [3]

Eodem anno landgravius de thuringhin electus est
in regem. [4]

An. dom. M.CC.LX obiit theobaldas abbas et re-
quiescet in cœmeterio dicto regart. Eodem anno electus
est dom. bertholdus de Steinenbrun qui multa bona fecit.
Hic construxit oppidum guevilr, castrum hohenkkopf,
oppidum Wattwilr, castrum harezstein et castrum dictum
Fridberg in valle S. Amarini. Fuit vir personatus, liberalis
et facundus, domino rudolpho romanorum regi totus
familiaris. [5]

<hr>

1. LIEBENAU, p. 169.
2. Ibid., p. 169-170. Notables différences.
3. Ibid., p. 172.
4. Ibid., p. 172.
5. Manque dans Liebenau.

An. dom. M.CC.LXXIII facinus nephandum in Gold-
pach [1] claustro S. Augustini novimus accidisse. Congre-
gate siquidem in illo claustro fuerunt nobiles juvencule,
sicut pene in omnibus claustris S. Benedicti et S. Augustini et in eis quæ canonicas se asserebant. Hec pene
omnes non intuitu dei claustris fuerunt deputate, sed ut
fratres sororesque earum in seculo permanere possint
liberiusque vanitatibus seculi deservire : hec quidem, que
ad claustra pro deo non venerunt, deo in iisdem servire
minime volentes, in castitate manserunt paucissime. prepositi et priores harum dominarum ipsi vanitatibus seculi
servierunt, unde et domine sequentes eos patres, etiamsi
voluissent servire domino, minime potuissent. caste tamen
plurimum fuerunt, non propter dominum, sed quia milites,
clericos aut nobiles habere non commode potuerunt, nec
cum rusticis vel servis delinquere volebant, cum hoc facere
ignominiam maximam reputabant. his igitur dominabus
de Goltbach prepositum dominus de loco sustulit com-
muni ergo consilio inito ad prepositum et conventum de
interlach miserunt rogantes quatenus dignaretur ipsis prepositum destinare, qui loco scilicet et dominabus in Goldbach vellet et posset honeste et debite dominari. domine
predicte de loco interlacensi præpositos usque ad illud
tempus postulabant, eo quod ibidem religio magna
vigebat et sexaginta canonici atque plusquam trecente
moniales in arcta custodia domino religiosissime deser-
viebant.

Prepositus vero interlacensis dominabus de Goltpach unum ex canonicis suis transmisit qui veniens in

<hr>

1. Tout ce curieux passage a été omis par M. de Liebenau. Cfr. loc. cit.,
p. 167. Il se trouve dans le manuscrit cité de la bibliothèque d'Aarau, mais
avec quelques variantes.

Goltpach canonicas proprietarias invenit, irreligiosissime viventes, dominarum secularium vestibus utentes in peplis et in ornatu capitis, et fere nihil preter nomen religionis habentes. novus prepositus eas ad regulam voluit restituere : sed ipse viribus quibus poterant se in omnibus opponebant. ille inobedientes armata manu de monasterio projecit et quasdam carceri etiam deputavit. moniales ad abbatem morbacensem transmiserunt, vindictam de illa sibi a preposito illata injuria petentes. abbas autem ad Goltpach veniens prepositum in quantum potuit induxit ut moniales permitteret in suis consuetudinibus manere, que arctiorem regulam observare minime devoverunt. prepositus acquiescere racionibus et precibus abbati noluit, sed dixit eos oportere regule S. Augustini austeritatem per omnia sustinere.

Abbas indignatus prepositum de Goltbach recedere cœgit, eo quod ipse cum suis antecessoribus omnem jurisdictionem in spiritualibus et temporalibus diutissime possedisset. precibus tamen honestorum militum devictus abbas post longum tempus eumdem prepositum revocavit, tali conditione quod per consilium predicatorum pariter et minorum dominabus bene et debite provideret. sed, postquam fuit confirmatus in prepositura, consilium ipsorum minime observans, moniales suas diligentissime custodivit : non enim voluit quod aliqua mulieri vel viro loqueretur, nisi ipse presens esset, vel due sorores quas ad hoc officium deputaverat : unde dicebatur quod moniales in tota terra in sanctitate non possent eis similes inveniri. secreta confessionum suarum, preterquam sibi, non alienis aperire. Quæ sibi confiteri nolebant, has sine confessione et viatico decedere sustinebat. nullus virorum vel mulierum claustrum ingrediebatur nisi ne-

cessitate maxima perurgente. per portam pluribus seris
clausam et altam scalam vix et cum labore poterat intrare
is qui licentiam obtinebat. Ostium autem principale prepositus habebat, cujus clavem semper in suo cingulo
deferebat. Cameram cum stuba in claustro sibi specialem
fecerat, in qua sua conventicula celebrabat. in hac supra-
dicta camera solus cum sola frequentius existebat, in
eadem cum sibi dilectis monialibus lautissime commede-
bat et sustinentes voluntarie iniquo suo corpore violabat.
Que vero voluntatem suam facere recusabant, has flagellis,
depilacionibus et percussionibus afflixit, donec voluntarie
obedirent. quasdam juvenculas nudas, quas ipse propria
manu in sponsas christi velaverat, coram se stare fecit,
ut visu earum animam suam libere saciaret. impregnatas,
ut abortum facerent, pocionibus afflixit ac docuit medi-
cinas quasdam sumere, per quas poterat conceptio retar-
dari. post plures autem annos quedam ex monialibus per
ipsum masculum peperit ipsumque esse ejus patrem nomi-
navit. hec eadem post tres septimanas sui partus cum sex
honestis sororibus apostavit et quibus poterat versutias
prepositi revelavit. is plures nequitias noscitur perpetrasse,
thesaurum ecclesiæ dissipans et quam plures ejusdem res
funditus vendens. plurima de ipso preposito, qui vocabatur
heinricus, dicebantur que me propter prolixitatem tedet
enarrare. ab abbate igitur morbacensi turpiter expellitur
a goldbach, et ab episcopo basiliensi alius prepositus
ibidem mittitur providus et honestus. [1]

---

1. Le manuscrit d'Aarau ajoute à cet endroit (folio 9 verso) ce *Dictamen
domini Wilhelmi monachi morbacensis de vita et vituperio Domini Heinrici
prepositi de Goltpach.* — Frater Heinricus . . . homo iniquus superbus parcus
et avarus . . . omni ratione iracundus plusquam aliquos hominum luxuriosus
heu heu heu aliquando in Goltpach prepositus, per eum et . . . locus infamatus

An. dom. M.CC.LXXXV circa festum lucie moritur bertholdus de Steinbrunn abbas et in ambitu capitulari sepelitur. statim et eodem die eligitur dom. berctoldus de Valkenstein decanus ibidem per compromissum, qui pauca bona fecit. invenit abbatiam abundantem redditibus et divitiis, reliquitque depauperatam. vendidit lucernam cum suis redditibus, exepto preposito ibidem et aliis beneficiis qui tenentur in omnibus obedire mandatis abbatis morbacensis. hic etiam permisit predicatores edificare claustrum in oppido guevilr et rexit abbatiam tredecim annis. [1]

An. dom. M.CC.LXXXXVIII obiit bertholdus de Valkenstein abbas huius loci et sepelitur in facie altaris S. Crucis. post eum eligitur eodem anno dominus albertus de Liebenstein hospitalarius. hic volens recuperare abbatiam, quam depauperatam invenit, commisit se et sua in manu dominorum de domo. sed ipsi de domo in usus suos verterunt verterunt bona abbacie : unde hic abbas parum profuit. elapsis quinque annis moritur an. dom. M.CCC.III et in facie altaris sancti bartholomei sepelitur.

Postea capitulares discordes facti sunt in electione, quidam ex eis dominum Martherum de Brocher custodem ibidem, alii vero dom. præpositum lucernensem de lieben-

destructus et confusus, si vultis audire quomodo et quare ... narrare thesaurum ecclesiæ dissipavit quam plures res ecclesiæ funditus vendidit aliquabus possessionibus ad vitam aliquorum hominum ecclesiam privavit, precarias fecit, terquinas sponsas Christi quas ipse propria manu velaverat, suo iniquo corpore violavit, innundavit pueros quos ille conceperant, ipse morti tradi procuravit et alia plurima mala fecit.

1. Ce § et les 2 suivants manquent aussi dans Liebenau ; par contre ils concordent avec le texte III.

stein volentes habere pro abbate : ast neuter eorum præ-
valuit. dominus papa commisit enim fratri Joanni zum
ryne, de ordine predicatorum, potestatem creandi abbatem, necnon omnia constituendi, disponendi et ordinandi
pro libitu suæ voluntatis. qui creavit dominum conradum
de Stoffenberg, conventualem mauri monasterii, in abbatem an. scilicet dom. M.CCC.V. hic rexit ecclesiam viginti
et novem annis.

An. dom. M.CCC.VIII. sub abbati Conradi, occisus
est Albertus rex romanorum a filio fratris sui johanne,
quem exhereditaverat, kalendis maii, penes brugg. [1]

An. dom. M.CCC.XIII. obiit heinricus imperator
piissimus de Lutzelburg, in italia intoxicatus. [2]

Eodem an. M.CCC.XIII. crastino Mathie apostoli,
dedicata est capella castri hugstein in honore S. Crucis
et beati benedicti egregii confessoris, sub domino Conrado abbate ejusdem capellæ constructore. [3]

An. dom. M.CCC.XVII. tum magna fuit karistia,
quod multi fame moriebantur. [4]

An. dom. M.CCC.XXI. dom. Mathias de Bucheck,
custos hujus monasterii, effectus est episcopus Moguntinus. [5]

An. dom. M.CCC.XXIII. obiit Johannes episcopus
Argentinensis, qui legavit huic monasterio ducentas mar-
cas argenti. [6]

An. dom. M.CCC.XXVIII. obiit Mathias de Bucheck,
episcopus Moguntinus, quondam custos hujus monasterii

1. LIEBENAU, p. 172.
2. Id., ib.
3. Ib., p. 173.
4. et 5. Ib., p. 172.
6. Manque dans Liebenau.

et prepositus S. Marie, qui fuit primus institutor et ordinator pauperum scolarium hujus monasterii. [1]

An. dom. M.CCC.XXXI. obiit dominus heinricus Waldenarii, prepositus ecclesie beate virginis marie in Morbaco.

An. dom. M.CCC.XXXIV. feria tercia post petronille, obiit dom. Conradus de Stouffenberg, abbas hujus monasterii, qui multa bona fecit huic ecclesie, eumdem et homines in pace relinquens. Attamen villam minerviler, tanreriet, ecclesiam in Ysenheim et quædam alia obligavit. Sub ipso destructum est castrum angret. [2]

Eodem an. M.CCC.XXXIV. feria sexta post petronille, electus est concorditer in abbatem dominus Conradus Wernherus Murnhardt. [3]

An. dom. M.CCC.XXXVIII. edificavit dom. Conradus abbas novum castrum in guevilr. Eodem an. in die conversionis beati pauli, qui tunc fuit die dominica, in ortu diei occisi sunt judei fere omnes in Rubiaco et Sultz et statim post in aliis locis. [4]

Eodem quoque anno apparuerunt locustæ in maxima multidine et tantæ spissitudinis quod sexaginta duo stadia cooperuerunt in spissitudine unius pedis, ita quod in illis locis nihil penitus remansit. [5]

An. dom. M.CCC.XL. tam magna fuit pestilencia circumquaque, quod nemo recordari potuit, nec in scriptis talem inveniebatur unquam fuisse similem vel majorem, et duravit per annum. eodem eciam anno flagellatores

1. LIEBENAU, p. 172.
2. Manque dans Liebenau.
3. Idem.
4. LIEBENAU, p. 173.
5. Manque dans Liebenau.

per totam alamaniam iverunt, se usque ad effusionem sanguinis percutientes. [1]

An. dom. M.CCC.XLIII. obiit dominus Conradus Wernherus Murnhard, abbas hujus monasterii, ecclesiam et homines in pace relinquens. hic multa bona fecit monasterio et capitulo, atque prebendam beate Marie Magdalene instituit. post eum concorditer in abbatem electus est nobilis henricus de Schowenburg. [2]

An. dom. M.BCC.XLIII. in die ascensionis dom. nostri Jesu Christi, sub abbate Heinrico de Schowenburg reconciliatum est monasterium Morbacense cum cimiterio, ac consecrata sunt tria altaria in dicto monasterio, primum videlicet in ambone ejusdem monasterii in honore sancte crucis, secundum vero altare a dextris exeundo de choro in honore trium magorum, tertium vero altare in honore S. Marie Magdalene et S. Laurentii martiris. insuper in ecclesia beate virginis ibidem consecrata sunt duo altaria, unum in choro beate catherine virginis, nec non undecim millium virginum, alterum autem altare in honore S. Johannis Baptiste et b. Johannis evangeliste. [3]

An. dom. M.CCC.LIII. obiit dom. Heinricus de Schowenburg, abbas hujus monasterii, cui successit Johannes Schulteiss de Gebwiller.

An. dom. M.CCC.LIV. in vigilia apostolorum philippi et jacobi fuit in monasterio Murbacensi serenissimus princeps Karolus rex romanorum cum tribus episcopis et cum magno comitatu nobilium aliorumque ad faciendam concordiam de abbatia hujus ecclesie, que tunc erat in lite. [4]

---

1. LIEBENAU, p. 173.

2. Manque dans Liebenau.

3. LIEBENAU, p. 175; mais le § suivant manque.

4. Ib., p. 173.

An. dom. M.CCC.LVI., in die luce evangeliste, inter vesperas et meridiem factus est terre motus tam validus, ut civitas basiliensis, que decenti fuit structura formata, fere totaliter rueret et putabatur quod mundus haberet finem, et tunc incepta est hic consuetudo ut semper post completorium canitur antiphona de beata virgine maria, ut nos ex eadem augustia et aliis defendat, et tunc plus quam sexaginta castra sita in suntgauu et in vicinia basilee ceciderunt.[1]

An. dom. M.CCC.LXXIV., in octava johannis evangeliste tante aquarum multitudo in Murbacho erat, quod multi homines perierunt et putabatur ibidem quod mundus haberet finem. eodem etiam tempore ex hujusmodi abundancia aquæ vivarius, qui tunc fuit in loco qui nunc dicitur vulgariter . . . circa capellam S. Catharine prope buhel destructus erat.[2]

An. dom. M.CCC.LXXVI. obiit dom. Johannes Schulteiss, abbas hujus monasterii.[3]

Post eum an. M.CCC.XXVII. circa festum agnetis electus fuit dom. Wilhelmus Störe decanus ejusdem monasterii.[4]

An. dom. M.CCC.LXXXII. feria quarta post nativitatem S. Marie combustum est monasterium Murbacense, cum toto claustro, nec non ecclesia S. Marie et omnes capellæ una cum campanis, totum restauravit abbas wilhelmus.[5]

An. dom. M.CCC.LXXXVIII. obiit dom. wilhelmus abbas, qui multa bona fuit huic ecclesiæ. invenit eam

1. LIEBENAU, p. 173.
2. Ibidem.
3. et 4. Manquent.
5. LIEBENAU, p. 173. — La date y manque.

habundantem. eodem anno feria tercia post dominicam judica effectus est abbas dominus rudolphus de Wattwilr, dein advocatus romani imperii, qui rexit quinque annis et parum profuit.

An. dom. M.CCC.LXXXXIII . . . post reminiscere, subitanea morte obiit dom. Rudolphus de Wattwilr, qui depauperavit ecclesiam, quam superhabundantem invenit. dom. wilhelmus de wasselheim hospitalarius electus est ex una et dom. wilhelmus schulteiss ex alia. venerunt ad curiam romanam, sub bonifacio papa, et abbatiam obtinuit et adeptus circa festum petri et pauli dominus wilhelmus de wasselnheim.

De fundatione monasterii Schœnensteinbach atramento recentiori.

Anno Domini M.C.XXXVIII regnante serenissimo principe et Domine Conrado duce Saxonie Romanorum rege, vixerunt et floruerunt multi felices homines et doctores et præsertim mellifluus doctor Sanctus Bernardus et doctor Richardus de Sancto Victore, et plures[1] alii dilecti Dei famuli tam in spirituali quam in seculari statu. Eodem tempore in terra Alsacie erat quidam nobilis miles timens Deum Nocherus de Wittenheim nominatus monasterii Scœnensteinbach vulgariter dicti primus fundator, devotus cristianeque vite et secundum hanc vitam suam eciam regebat familiam, qui conjugem habuit legitimam cujus nomen erat Benedicta. Cum autem eterna sapientia Dei Filius D. N. Jesus Christus ait Mathei VII° quod arbor bona fructus bonos facit, sic etiam contigit Dei pietate hiis duobus nobilibus et felicibus hominibus quod bonus eis prestitus fuit fructus, quare ex his procreate fuerunt due filie nobiles virgines ex quibus originem et fundamentum sumpsit dictum monasterium Scœnensteinbach, cumque hec due nobiles felicesque creature filie dicti militis ad annos pervenerunt adultos quia utrosque et cristiana vita florere cernerent taliumque exem-

1. *Reliqui.* (Variante d'une copie de ce document, corrigée par Schœpflin, et se trouvant aussi au *Nachlass.* Les autres variantes sont tirées de cette même copie.)

plum edocte presenti mundo fallaci renunciaverunt ac
inde exierunt, et cum animabus et corporibus se ipsas
omnipotenti Deo obtulerunt et in vitam regularem ordi-
nemque approbatum intrantes, monasterium quod vulgariter Cleinluntzel ingresse sunt quod ... quidam comes
Udelhardus de Pfirt fundaverat, in quo monasterio plures
scilicet devote et sanctimoniales Deo servierunt que de
nobilibus erant prosapiis exorte in quo loco dicte sorores
filie prenominati militis Nocheri taliter in obsequio divino
se exhibuerunt ut patefactum fuit [1] quod filio Dei Cristo
Jesu eterno sponso omnium virginum se desponsaverunt.
Item [2] . . . . .

Quelibet dictarum virginum et filiarum dicti militis
nuncupata erat hoc nomine Runigundis de Wickenheim
ut hodierna die apparet in quadam tabula stante in summo
altari monasterii Schœnensteinbach in qua depicte sunt
imagines dictarum duarum sororum filiarum dicti militis
Nocheri.

Et [3] post aliquos annos cum dicte sorores una cum
aliis sororibus in loco dicti monasterii Kleinluntzel appel-
lati quiete Deo servire non valentes ob turbacionem filii
comitis de Pfirt qui juvenis erat et venaciones cum cani-
bus et clamoribus . . . . . [4] circa dictum locum frequenter
faciebat, patrem rogaverunt patrem eorum carnalem mili-
tem Nocherum de Waukenheim [5] pro capella beate Mar-
garethe in Vetthenheim [6] ut ubi construeretur locus ejus

1. *Ut patris æterni sint.*
2. *Et ita.*
3. *Item.*
4. *Et.*
5. *Vittenheim.*
6. *Idem.*

et monasterium. Pater autem earum eumdem locum eis
dare recusabit propter causam legitimam et racionabilem
quod non esset conveniens . . . ibidem . . . monasterium
pro monialibus prope villam et castrum sed[1] ne in earum
devocione et obsequio divino . . . prope[2] homines impe-
diri possent, tradidit eis locum in solitudine scilicet in
nemore prope Vittenheim ubi habebat horreum . . .[3] hoc
filie ejus iste due sorores audientes et percipientes gavise
sunt gaudio magno et statim una cum . . . aliis monialibus ac sororibus que erant in loco dicto Klennlutsel vulgariter cum suis rebus recesserunt[4] ab eodem loco et ad
silvam istam et locum illum ubi horreum patris earum
situm erat properabant, et illuc venerunt et ibidem cum
auxilio patris earum et aliorum inceperunt ibidem con-
struere loca et mansiones ut Deo servire possent et sub
regimine abbatis monasterii vulgariter dicti Grosslutzel
ordinis Cisterciensis et secundum regulam sancti Benedicti ducentes vitam regularem. post hoc precepto majoris
et supremi abbatis Cisterciensis abbas Luzellensis nolebat
se intromittere amplius de cura et regimine dictarum monialium, postea vero auctoritate sedis apostolice dictus
locus quoad curam et regimen traditus fuit preposito
monasterii Marpacensis ordinis canonicorum regularium
et deinde dicte sorores fuerunt canonicæ regulares et in
dicto loco constructa fuit una ecclesia, cum duabus turribus seu campanilibus ad modum monasteriorum canonicorum regularium, et per plures annos in dicto monasterio

1. *Situm.*

2. *Propter.*

3. *Sed.*

4. *Necessariis.*

Marpacensi et etiam Steinbacensi regularis et honesta tenta fuit vita.

Postea vero effluxis plurimis annis incepit in dicto monasterio vigor regularis vite decrescere et minui ob teporem regentium qui curam earum sororum habere debuissent, destitutumque fuit tam in spiritualibus quam in temporalibus, et tandem in toto desolatum erat, quod amplius nulla hominum habitatio ibidem fuit, et erat ibidem per plures annos ubi ecclesia sita fuit locus omnino desertus, et ubi chorus fuit situs, ibi facta fuit habitatio luporum et vulpium, foveasque eorum ibidem habebant. Post hec Deo piissimo disponente et volente ut observantia regularis ordinis predicatorum qui per multos annos in multis locis et regionibus a sua primaria institutione declinaverat erigeretur plures fratres et . . .[1] dicti ordinis id affectarunt, inter quos unus erat devotissimus atque ferventissimus dictus frater Conradus de Prussia magnus predicator vir sancte vite qui novies visitabat urbem Romanam, ter Jerusalem seu sepulchrum Domini et semel montem Sinai in quo monimentum est sancte virginis et martiris Katherine de qua etiam . . .[2] miracula leguntur que circa dictum patrem Conradum visa et ostensa sunt.

Huic[3] auctoritate sedis apostolice per suum[4] superiorem generalem commissum fuit ut ad observanciam regularem reduceret conventum Columbarensem qui et primum monasterium est quod ad observantiam venit in

1. *Patres.*
2. *Sancta Virgine.*
3. *Et.*
4. *Patrem.*

Alamannia . . . ejus [1] solicitudine et una monasterium
supradictum Schœnensteinbach traditum fuit auctoritate
sedis apostolice ordini prædicatorum et . . . auxiliante
Deo per predictum patrem Conradum reductum fuit ad
observanciam regularem. Hujus autem observancie com-
missio facta fuit a domino papa Bonifacio IX, abbati
Morbacensi isto tempore existenti videlicet Domino Wil-
helmo de Wasselheim ut introduccio cum clausura pri-
marum sororum solemniter fieret et celebraretur . . . . [2]
sororum erat in numero tredecim que introducte fuerunt
cum solemnitate ad monasterium Schœnensteinbach anno
domini M.CCC.LXXXXVII presente magno populo tam
nobilium quam aliorum utriusque sexus ubi et presentes
erant multi presbiteri et religiosi celebrantes ibidem
divinum officium, fuit et presens ibidem illustrissima
ducissa Domina Katherina filia Domini et Principis Philippi ducis Burgundie et conjugis principis Lutoldi ducis
Austrie qui magnum desiderium habent ad claudendum
dictum monasterium ad observantiam regularem ibidem
tenendam. Et prefatus pater Conradus eadem die sum-
mam cantabat missam sermonemque . . . . [3] fecit sicque
ab eodem tempore idem pater per dies vite sibi a Deo
concessos in dicto monasterio cum sororibus mansit, diem-
que extremum ibidem feliciter clausit . . . quem eciam
dum adhuc puer aut masculus octo videlicet annorum fuit
vidi eum in decrepita ælate constitutus erat non potens
ambulare sed o . . . cum [4] prædicare sororibus volebat
aut confessiones earum audire in cathedram portabatur.

1. *In qua.*
2. *Talium autem.*
3. *Etiam.*
4. *Ad ecclesiam cum.*

Item a dicto monasterio multa et plurima alia monasteria sororum ejusdem ordinis prope et procul posita
. . .[1] ad distanciam LXX et LXXX miliarium et ultra
tam in partibus inferioribus quam in Austria et Suevia
et aliis regionibus reformationis initium.

*Ici finit le fragment de manuscrit duquel j'ai trouvé
ailleurs quelques copies, mais avec beaucoup de fautes et
quelques additions, etc. . . .*[2]

N. B. Aetas auctoris præsentis chronicæ hic manifestatur.

1. *Pene.*

2. Cette note est de la main du copiste. La suivante est de la main de
Zurlauben.

III. [1]

Fragment inédit tiré du manuscrit de Colmar.

1. [2] Anno Domini D.CC.LIX [3] Gregorius natione romanus in summum assumitur pontificem et sedit annis VII mensibus IX diebus XXIII . . . . | . . . . fecit deleri propter quod dictus pontifex synodum congregans fere mille episcoporum apud romam celebrandum in qua veneratio sanctarum ymaginum confirmatur atque violatores . . . anathematisati. | Hujus pontificis tempore regnavit Karolus magnus . . . et Theodericus tertius super Francos regnavit annis IX. Hic enim Theodericus rex Francorum privilegia concessit monasterio | Murbacensi temporibus enim ejus regis prefatum monasterium constructum et

1. Ce fragment se compose de trois parties, comme nous l'indiquons. L'écriture de la troisième a presque totalement disparu. Aussi ne l'avons pu déchiffrer entièrement, même avec le gracieux concours, dont je suis heureux de le remercier ici, d'un savant paléographe, M. le docteur Albrecht, le distingué auteur du Cartulaire de Ribeauvillé. La lecture de ce fragment nous a été facilitée par la copie du ms. Zurlauben-Aarau, communiquée à Grandidier par le savant suisse en janvier 1787. Par contre, les Bénédictins du siècle dernier n'ont pas pu lire certains passages, les mêmes dont la lecture n'a pas être faite par nous : ce qui montre que déjà à leur époque l'écriture de la dernière partie de ce document était presqu'effacée. Nous donnerons en note quelques-unes des variantes de cette copie d'Aarau, ainsi que les mots lus par son auteur il y a deux cents ans et devenus illisibles aujourd'hui.

2. Ce premier morceau, écrit tout au haut de la page, paraît moins ancien que le reste, bien qu'aussi du XV⁰ siècle.

3. Date fautive, comme on le remarquera.

edificatum est unde tempore ejus regis comes Eberhardus
filius ducis Adelberti evocans venerabilem virum Pirmi-
nium eum | cum ipsius adjutorio et Deo donante cum
suis peregrinis monachis instituit [1] hic cenobium et pre-
dictus comes Eberhardus monasterium presens edificare
conatus est secundum regulam et . . . | beati Benedicti
in . . , [2] et in re propria qui locus ante constructum
monasterium Murbach dicebatur vivarius peregrinorum
. . . [3] natus predicti comitis de hac luce substractus est,
consensu . . . [4] | Leudefredi et conjugis ejus Emoldrudis [5]
plurimas possessiones et villas huic monasterio contra (?)
dicit.

———————

2. [6] Hy sunt abbates monasterii morbacensis ab anno
dni M°CC°XL°. Dns Hugo abbas qui rexit ecclesiam
circa (?) [7] ann. dni M°CC°XXII super . . . [8] 18 annis. |

Item Dns Theobaldus abbas Luxoviensis postea
Morbacensis | construxit oppidum S. Amarini et anti-
quum castrum | ibidem [9] qui rexit abbaciam XX[ti] annis
et requiescit | in cimiterio dicto regart. |

Item anno dni M°CC°LX° electus est dns Berthol-
dus | de Steinenburne in abbatem qui multa bona fecit

1. Constituit. (Ms. d'Aaran.)
2. Heimo. (Ib.)
3. Unde. (Ib.)
4. Filii. (Ib.)
5. Vinoldrudis. (Ib.)
6. Second fragment, le plus ancien.
7. Istam.
8. Vixit. (Ib.)
9. Idelheim. (Ib.)

hic | construxit oppidum Gewilr quod prius vocabatur
Vallis florida construxit etiam castrum hohenropf | oppi-
dem Watwilr castrum hirtzstein et castrum | dictum Frid-
berg in valle Sti Amarini fuit vir | personatus liberalis
et facundus et serenissimo dno | Rudolfo Romanorum
regi totus familiaris qui tempore suo | Romanum impe-
rium regebat rexit ecclesiam XXV annis circa | festum
lucie moritur sub anno dni M°CC°LXXXV° | et in am-
bitu capitulari sepelitur. Statim | eodem anno et die Eli-
gitur dns berchtoldus de | Valkenstein decanus ibidem
concorditer in abbatem qui | pauca bona fecit invenit
eam habundantem | redditibus et diviciis reliquit depau-
peratam | vendidit Luceriam cum suis redditibus excepto |
preposito ibidem et aliis beneficiatis ibidem qui tenen-
tur | in omnibus obedire mandatis abbatis Morbacensis
hic | etiam recepit CC marcas et permisit predicatores |
edificare claustrum in oppido Gewilr hic rexit | abbatiam
XIII annis sepelitur in facie altaris ste | crucis meliorem
tamen invenit quam reliquit. | Post eum elegitur dns
Albertus de liebenstein hospitalarius | sub anno dni
M°CC°LXXXXVIII hic volens | recuperare abbatiam
quam depauperatam invenit | commisit se et sua in ma-
nus[1] dominorum de domo et | supradicti de domo in
usus ipsorum verterunt quod | abbatia magis (?) depau-
perata fuit quod parum profuit. Elapsis | quinque annis
moritur et in facie altaris scti | bartholomei sepelitur
Anno dni M°CCC°III° | Postea capitulares discordes facti
sunt in electione | quidam ex eis dominum Mathyam[2] de
bucheck custodem | ibidem quidam vero dnum prepo-

---

1. Manum. (Ms. d'Aarau.)
2. Martherum. (Ib.)

situm lucernensem de liebenstein | volentes habere pro
abbate nec neuter eorum prævaluit quare | deventum est
ad papam.[1] Eadem abbatia sine rectore fuit | tamdiu
quousque dominus papa commisit fratri Johanni dicto
zum Ryne | de ordine predicatorum potestatem creandi
abbatem nec | non omnia et singula[2] disponendi et ordi-
nandi pro libito sue | voluntatis qui creavit dnum Con-
radum de Stouffenberg | conventualem Mauri monasterii
Argentinensis dyecesis | in abbatem sub anno dni
M°CCC°V° et rexit ecclesiam | XXIX annis qui resis-
tebat[3] dictis dominis de domo | sub ipso etiam[4] destruc-
tum est castrum Angret multa bona | fecit huic ecclesiæ
obiit anno M°CCC°XXXIIII° | ecclesiam et homines in
pace relinquens attamen | villam Minewilr, Tattenriet,
ecclesiam in Ysenhein | et quedam alia obligavit. |

Dns Conradus Wernheri Murnhardti cellelarius |
electus est concorditer sub anno dni M°CCC°XXXIIII° |
feria sexta post Petronellam qui edificavit novum | castrum
in Gewilr anno dni M°CCC°XXXVIII° | eodem anno
perierunt[5] omnes judei in Alsatia preterquam | in Basi-
lea et Columbaria Eodem anno (?)[6] locuste tam | in ma-
xima multitudine vise sunt tante spessitudinis quod | telum
non impetiverit (?) videlicet ubi consedebant terram[7] | ac[8]
duo stadia cooperuerant in spessitudinem unius pedis |
devorantes (?) quod in loco illo penitus nichil | remansit

<hr>

1. Principem. (Ms. d'Aarau.)
2. Constituendi. (Ib.)
3. Consistebat. (Ib.)
4. Et. (Ib.)
5. Procerum. (Ib.)
6. Aves. (Ib.)
7. Rien pour cette ligne dans le ms. d'Aarau.
8. LX. (Ms. d'Aarau.)

hic multa bona fecit huic monasterio | et capitulo prebendam bte Marie Magdalene instituit obiit anno etc. M°CCC°XLIII° ecclesiam et homines in pace relinquens. |

Dns[1] heinricus de Schowenberg eligitur in abbatem concorditer anno M° | CCC°XLIII° obiit anno M°(CCC)° LVIII°. |

Post eum dominus johannes schulteti et obiit M°CCC°LXXVI° |

Dns wilhelmus störe decanus eligitur[2] anno dni M°CCC°LXXVII° circa | festum Agnetis obiit M°CCC° LXXXVIII° sub ipso totum claustrum | combustum erat nec non ecclesia ste Marie et omnes capelle una cum | campanis anno dni M°CCC°LXXXII° item idem dominus totum restauravit | anno sequenti multa bona fecit huic ecclesie invenit eam habundantem | reliquit eam habundantem. |

Dns Rudolfus de watwilr abbas in Luzel effectus est abbas feria 2ª post dominicam judica anno M°CCC° LXXXVIII° et postea | effectus advocatus Romani imperii qui parum profuit quinta feria post reminiscere subitanea obiit morte Rexit ecclesiam quinque | annis male anno M°CCC°LXXXIII qui depauperavit ecclesiam | quam superhabundantem invenit. |

Dns Wilhelmus de wasselheim hospitalarius electus ex una | parte et wilhelmus schulteti portenarius ex altera[3] parte et ambo | venerunt ad curiam Romanam que[4] tunc

---

1. Nobilis. (Ms. d'Aarau.)
2. Electus. (Ib.)
3. Alia. (Ib.)
4. Cui. (Ib.)

præfuit (?) subpapa | Bonifacio anno M°CCC°LXXXXIII°
circa festum Petri et Pauli | et obtinuit dns wilhelmus de
wasselenhein et adeptus | abbatiam multum bene rexit
abbatiam et multa bona fecit huic | ecclesiæ quam tamen
depauperatam invenit etc. . . . et per triginta annos et
multum bene | rexit.

<center>~~~~~~~</center>

3.[1] Dominus Petrus de Ostein prius conventualis
monasterii Lucernensis postea factus conventualis | hujus
monasterii Muorbacensis et decanus qui post obitum
venerabilis domini Wilhelmi de Wasselhein | electus
est in abbatem hujus monasterii qui obiit anno domini
M.CCCC.XXXIIII mense martii.[2] | Post decessum dicti
d. de Ostein qui in fine sue terminacionis hujus exilii
fratrem suum . . .[3] custodem hujus monasterii subdele-
gavit sibi succedere in digni | tate abbatie quare ejus-
dem cognati statim post obitum dicti d. de Ostein omnia
castra abbatie vi intrantes et possidentes.[4] Electo autem
reverendo d. Theodorico | von Huss unanimiter in abba-
tem monasterii eximii Morbacensis iidem cognati custodis
decendentis[5] et ecclesie[6] de castris cuncta et singula de
de hinc de | portantes deferentes ac despoliantes. Quare

1. Troisième écriture, d'un sécretaire sans doute de Barthélemy d'Andlau.
2. Ad festum Marci. (Ms. d'Aarau.)
3. Per tunc. (Ib.)
4. Intrant et possident. (Ib.)
5. Decendentes. (Ib.)
6. Occulta. (Ib.)

dictus d. von Huss noviter tunc electus abbatiam totaliter[1] depauperatam invenit ab Ostein dicto relictam. | Sub regimine dicti d. von Huss collegium canonicorum ecclesie S. Amarini et Projecti ad oppidum Thann est translatum quamobrem monasterium Mor | bacense non parvum detrimentum passus[2] est et patitur. Dictus enim d. von Huss magnam austeritatem exhibens contra (?) canonicos[3] omnibusque privilegiis | eosdem privans videlicet venacionem piscationem etc. . . . et hoc ob non susceptionem[4] sui germani pro tunc custodis ecclesie[5] Basiliensis canonici[6] | dicente pro tunc preposito dicti collegii S. Amarini nuncupato Johanni Müller rurali satis homine . . . . . . | Iidemque canonici dispensacionem impetrantes ad Thann se transtulerunt ullam penitus cum voluntate dicti d. von Huss. |

Anno ejus regiminis M.CCCC.XLIIII Armijacentus provinciam presenteis devastantes oppidum Gewilr vigilia S. Valentini nocturnis horis intrantes[7] (?) | suisque instrumentis murum[8] accedentes. Incole dicti oppidi Gewilr divinitus admoniti in sompnis et ipsos dictos devastatores realiter exprimentes[9] | eisque resistentes ob cujus rei festum dicti S. Valentini venerantur usque ad presens

1. Totam. (Ms. d'Aarau.)

2. Passum. (Ib.)

3. Exhibuit dictis canonicis. (Ib.)

4. Susceptum. (Ib.)

5. Ecclesie minoris. (Ib.)

6. In canonicum. (Ib.)

7. Invadentes. (Ib.)

8. Ad muros. (Ib.) Il y a certainement *murum* et non *ad muros* : ce qui avec d'autres indications de ce genre, ferait croire que le copiste d'Aarau a eu un autre original.

9. Expulerunt. (Ib.)

in futurumque colere nitentur. | Eodem autem anno in
vigilia S. Thome apostoli strenuus quidam miles et nomine Syffridus de Veringen [1] dictus contra portam que
que respicit ad | Olswilr [2] in via quoque (?) que ducit ...
ad villam et captus sagittam a quodam rustico de Büchell
... in castrum Hochenrupff | ducitur ibique finem hujus
seculi suscipiens. A suo fratre ... episcopo Basiliensi
permittente eidem militi lapidem faciendum et providen-
dum ejus tu | mulo super positum et quidem est in ecclesia
dicta eximia Morbacensi ante altare gloriosissimi | sanctis-
simique apostoli bartholomei martyris (?) |

Obiit dictus d. von Huss anno .. etc ... M.CCC.XLVII.
Post cujus decessum unanimiter [3] eligitur .... [4] et
reverendus in Christo pater et d. d. Bartholomeus de
Andolo decanus ... [5] | sua industria et sagacitate cum
adjutorio quoque totius capituli monasterii eximii Morbacensis præter alia (?) defendit incorporationem secu-
larem (?) [6] | per concilium Basiliense episcopo dicte Basi-
liensis. Sub ejusdem patris reverendi regimine parva ...
ei facta translatio ... | canonicorum S. Amarini pro tunc
in Thann existentium totaliter ... finaliter in castro Frid-
berg et ... | concluditur. Qua ex causa abbatie dignitas
maxime [7] patitur usque [8] in futurum detrimentumque pa-

---

1. Vangen. (Ms. d'Aarau.)
2. Depuis ici jusqu'à la fin du §, passage omis dans le ms. d'Aarau.
3. Unanimi consensu. (Ms. d'Aarau.)
4. Religiosus. (Ibid.)
5. Doctus multum et illustris qui. (Ib.)
6. Factam. (Ib.)
7. Maximum. (Ib.)
8. Atque. (Ib.)

tietur. | Sub dicti etiam regimine d. reverendi de Andolo
collegium ecclesie Lucernensis cum omnibus juribus per-
tinentiisque pertinentibus . . .[1] | abbatieque dignitatem
Morbacensis plenarie absolvitur et detrahitur quare dicta
dignitas abbatie non parva (?) auctoritate[2] usque in . . . | Hic
reverendus in Christo pater et d. de Andolo admisit quem-
dam . . .[3] in incolas oppidi Gewilr . . .[4] qui si exaltaret[5]
merito humiliabitur[6] . . .[7] hinc usque in finem sue temporis
maxime dolentes correctionem nunc . . . | Villam etiam
Odern in valle S. Amarini sitam de malo denario tertia
parte . . . redemit a comite Wirtenbergense . . . | Dictus
etiam dominus reverendus de Andolo monasterium et
ecclesiam[8] Morbacensem a novo recuperavit pro 100
florenos...[9] | capellam (?) reformansque specialiter in tecto[10]
depositis enim tegulis ligneis suppositis . . . | . . . lateribus a
novo quoque reformans liberiam codicibusque insignis or-
nans in valore trecentorum florenorum renensium. | A novo
etiam castrum Hugstein reformavit optimisque duobus
turribus novis munivit aliasque casas in monasterio Mor-
bacensi | recuperans dotavit novavit quoque | singulis
cum pertinentiis suppellectibusque. | Locum in valle S.
Amarini . . .[11] nuncupatus Orbeys secus pratum locus

1. Ad abbatem Morbacensem. (Ms. d'Aarau.)

2. Parum minuitur. (Ib.)

3. Correctionem. (Ib.)

4. Advertus Sti . . . considerans. (Ib.)

5. Exaltavit. (Ib.)

6. Humiliaretur. (Ib.)

7. Tamen ex. (Ib.)

8. Terram. (Ib.)

9. Recuperans. (Ic.)

10. Tectis. (Ib.)

11. Vitr. (Ib.)

situs juxta capellam S. Katharine . . . | fossuli ibidem
novo facere curavit quare locus nunc [1] iste . . . [2] ad
vivarium dicitur ut etiam ab incolis . . . | Sub ejusdem
etiam patris regimine monasterium monialium Angelice
porte in Gewilr restauratur et predicatores ibidem refor-
mati . . . | Fuit etiam isdem [3] pater reverendus mitissimus
benignissimusque susceptor relevatorque peregrinorum (?)
sacerdotum spiritualium ac secularium | quoque appre-
tiatorum multorum scriptorum . . . pauperum scolarum
et clericorum ad sacerdotii dignitatem indefessus (?) . . . |
Anno Johannes Welkerus de Brussella dicti monasterii
prepositus erat. [4] | Idemque benignissimus anno M.CCCC.
LXXVI in magna perplexione et desperatione . . . . . . |
debitisque aliisve circumstantiis dicti monasterii Morba-
censis inhærens se in perfectione invito . . . . | . . . . de
festo Pasce existens maxime quoque in corpore decrescens
in Cist . . . . . | cuidam magistro Parisiensi nuncupato
Joannes Storch de Sehlestatt in dicta tamen perplexione
persistens . . . . | Baptiste festum per octo dies videlicet
a festo S. Joannis Baptiste usque in diem octavam dicti
festi . . . . | captaque penitus cibum et potum abrenuens
. . . . vitales itaque spiritus sic abstinens . . . . | in supe-
riori parva scabella vestitur et calceatus post octo . . . . |
cum his verbis spiritum . . . . obiit anno M.CCCC.LXXVI
I I I nonas julii.

1. Noster. (Ms. d'Aarau.)
2. Vur. (Ib.)
3. Fecit et idem. (Ib.)
4. A partir de cet endroit, le ms. est devenu presqu'illisible, et nous
reproduisons presqu'intégrablement ce qu'en a tiré au siècle dernier le copiste
d'Aarau.

Eidem successit . . . [1]

(Cette [2] chronologie finit en cet endroit, ce qui fait présumer que son auteur vivait au XVe siècle, l'abbé dont il donne l'histoire beaucoup plus au long que des autres estant mort en 1476.)

1. Suivent encore trois lignes, presque totalement effacées.
2. Note de la copie d'Aarau.